Love's Lovely Counterfeit

James M. Cain

GOGAKU SHUNJUSHA

*This book is published in Japan
by Gogaku Shunjusha Co., Inc.
2-9-10 Misaki-cho, Chiyoda-ku
Tokyo*

*First published 2006
© Gogaku Shunjusha Co., Inc.
Printed in Japan, All rights reserved.*

はしがき

　言語の学習にはテレビ，ビデオよりもラジオやCDのほうがはるかに適しているといわれる。それは音だけが唯一のコミュニケーションの手段だからだ。映像がない分，耳の働きは一層鋭敏になり，聴きとる力は確実にアップする。それは理論的にも証明済みである。
　アメリカで制作されたこの『イングリッシュ・トレジャリー（英語の宝箱）』は，その観点からリスニングの究極の教材といえるだろう。
　英米の名作，傑作が放送ドラマ形式で作られているので，登場人物のセリフがまるで目の前でしゃべっているかのように聞こえてくる。しかも，効果音が実によく挿入されているので，胸に迫る臨場感は格別だ。一瞬たりともリスナーの耳を離さないすばらしい出来栄えである。
　しかも，ドラマの出演者は，アメリカ・ハリウッド黄金時代を飾ったスターたちだ。人の言葉とはこんなに魅力あるものかと，あらためて感動を呼ぶ。
　『イングリッシュ・トレジャリー』のよさは，またその構成のうまさにあるといえよう。物語の進行に伴う場面ごとに適切なナレーションが入って，ストーリーの背景を説明してくれるので，リスナーの耳は瞬時にその場面に引き込まれる。そして，会話によどみがない。
　名作を十分堪能しながら，同時に総合的な語学学習ができるところに，この教材の利点がある。
　「リスニング力」の上達はもちろん，ストーリーの中で覚えられる「単語・会話表現」，そしてシャドウ（あとからついて言う）もでき，かつ，英語シナリオ一本まるごと読むことで身につく「読解力」と，まさに一石三鳥，いや四鳥の「英語の宝箱」だ。
　どの作品を取り上げても文句なく楽しめるシリーズだ。

CONTENTS

はしがき……………………………………………… iii
シリーズの使用法…………………………………… v
CD INDEX 一覧……………………………………… vi
解　説………………………………………………… vii
ものがたり…………………………………………… viii
SCENE 1 ……………………………………………… 2
SCENE 2 ……………………………………………… 14
SCENE 3 ……………………………………………… 24
SCENE 4 ……………………………………………… 42
SCENE 5 ……………………………………………… 54
SCENE 6 ……………………………………………… 62

●シリーズの使用法

英検1級レベル

　まず，英文シナリオを見ずにCDに耳を集中する。第2ステージでは，聞き取れなかった部分及び「これは」と思った慣用表現を英文シナリオでチェック。最終的には口頭でシャドウできるまで習熟することが目標です。

英検2級〜準1級レベル

　英文シナリオを参照しながら，CDを聴くことから始める。第2ステージでは，英文シナリオの完全理解を図る。と同時に，重要な会話表現や単語をどんどん身につけていく。第3ステージでは，対訳を参照しながら，CDを聴いてみよう。シナリオなしにCDが聞き取れるようになれば卒業だ。

英検3級〜準2級レベル

　対訳を参照しながら，まず英文シナリオをしっかり読む。第2ステージでは，英文シナリオを参照しながらCDを聴こう。音声のスピードに慣れるまでは，章ごとに切って，何度も聴きながら，学習を進めてください。未知の単語や会話表現をどんどん覚えるチャンスです。

　第3ステージでは，対訳を参照しながら，CDに集中する。この頃には，耳も相当慣れてきて，リスニングにかなりの手応えが感じられてくるだろう。

　物語の選択にあたっては，難易度表の「初級〜中級レベル」表示の比較的易しめのものから入っていくことをお勧めする。

CD INDEX 一覧

	本文ページ	該当箇所	冒頭部分
1	2	SCENE 1	That's alright, Lefty. Open up.
2	14	SCENE 2	Alright, get rolling.
3	24	SCENE 3	So this is room 480. Looks just like…
4	42	SCENE 4	Ben.／Hello, baby. Where's my good evening…
5	54	SCENE 5	Well, hello, big shot. You've been in…
6	62	SCENE 6	All I'm saying is I won't be responsible,…

（本CDは歴史的に貴重なオリジナル音源を使用しておりますので、一部お聴きぐるしい箇所が含まれている場合もございますが、ご了承ください）

解 説

　原作者はジェイムズ・マラハン・ケイン（James Mallahan Cain, 1892-1977）。ジャーナリストとして活躍ののち，42歳の作品『郵便配達は二度ベルを鳴らす』 The Postman Always Rings Twice (1934, 映画化1942, '46, '81)で成功，欲望と暴力の世界の中の男女を描くハードボイルド派の代表的作家となった。

　他にも Serenade ('37, 映画化'56), Mildred Pierce ('41, 映画化'45), Double Indemnity ('43, 映画化'44, 邦題『深夜の告白』)などが有名。

　原作 Love's Lovely Counterfeit ('42, 映画化 Slightly Scarlet '56, 邦題『悪の対決』)は第二次世界大戦中の架空の町における暗黒街の争いを，ギャングの運転手ベンと2人の姉妹との恋のもつれと共に描いたもの。

　主演はハンフリー・ボガート (1899-1957), 映画『カサブランカ』 Casablanca ('43)で名高い。特にギャング役が得意で，アンチヒーローの人気の確立者であるが，喜劇・ロマンスにも巧演した実力派である。

ものがたり

　アメリカ中西部の町レイクシティで市長選挙が行われようとしていた。再選を狙う現職のマダックスは，町を牛耳るギャングのボス，ソル・キャスパーと裏でつながっている。
　一方，クリーンな政治を目指す革新派候補，ジャンセンの参謀役を務めるのは，美貌の法律家ジューン・ライアンズ。町の改革に熱意を燃やす彼女だったが，警官の半分がソルの金で動くこの町では，派手な選挙パレードも効を奏さない。
　ソル・キャスパーの手下として働きながらも，その汚いやり口に不満を抱いていたベン・グレースは，一計を案じてジューンに近づく。ソルのからんだ銀行強盗事件をFBIに検挙させ，マダックスを失脚させようというのだ。
　計画はすべて成功した。ソル・キャスパーは投獄され，革新派のジャンセンが新しい市長に。そして，ベンとジューンは恋におちた。
　半年後——。レイクシティでは，相変わらず競馬の馬券売り場や博打場が賑わっている。ソルがいなくなった町で，暗黒街の新しいボスにのし上がったのは，他ならぬベン・グレースだった。
　いまや市の職員として十分な地位を手に入れたジューンだが，市民への義務感と恋人への想いの間で苦悩する日々が続いていた。
　「こんな生活，止めましょう。逃げ出しましょう。お願いよ」
　懇願する彼女の言葉に，ベンは顔を曇らせる。
　そのとき，2人の背後でドアが開いた。
　銃を手に，戸口に立っていたのは，脱獄してきたソル・キャスパーだった……。
　ソルは報復の銃口を，丸腰のベンに向けた。銃声2発がとどろく。

——倒れたのはソルだった。火を噴いたのは，ジューンの手に握られたピストルの銃口だった。
　２発のうち１発はベンにあたり，ベンは病院へ，謀殺容疑のかかったジューンは独房へ投げ込まれる。
　一難去って，また一難。窮地におちいったベンは，窮余の一策を試みた……。

1

(*footsteps; knocking*)

Ben: That's alright, Lefty. Open up.

Lefty: Oh, it's you, Ben. (*unlocks; opens door*) Come on in, Ben.

Ben: Sol here yet?

Lefty: No, not yet but he ought to be pretty soon.

Ben: See what he's got on his mind?

Lefty: I wouldn't know, Ben.

Ben: OK. (*sound of brass band*) Hey, what's that coming down the street?

Lefty: Oh. That must be those poor suckers of citizens' league. They're having a political parade. Yeah, there they are. You can see them through the window.

Ben: That must be Jansen, huh, the guy they're running for mayor?

Lefty: That's right.

(1)

(足音。ノック)

ベン：　　心配しなくていいよ，レフティ。開けてくれ。

レフティ：　ああ，あんたかい，ベン。（鍵をはずし，ドアを開ける）さ，入ってくれ。

ベン：　　ソルはもう来たかね。

レフティ：　いや，まだだが，もう間もなく見えるはずだ。

ベン：　　ソルが何を考えているのか，知ってるかい。

レフティ：　おれにゃわからんよ，ベン。

ベン：　　まあいい。（ブラスバンドの音楽）なあ，通りをやって来るのは何だろう。

レフティ：　ああ。あれは市民同盟の馬鹿どもさ。選挙運動でパレードをやってるんだ。ほら，来た来た。窓から見えるぜ。

ベン：　　じゃ，あいつが市長候補のジャンセンなんだな。

レフティ：　そう，そう。

Ben: Who's the doll riding with him?

Lefty: What's the matter? Don't you read the papers?

Ben: (*laughs*) Sure, I read "Li'l Abner." Who's that? Daisy Mae?

Lefty: Her name is June Lyons. She's his new secretary or something but everybody says she is the brains of his campaign.

Ben: Yeah? I could use a little brains like that myself!

Lefty: (*laughing*) Not that kind you couldn't, not that missionary kind.

Ben: What about this Jansen?

Lefty: I keep forgetting that you're new around here. Jansen doesn't have a chance.

Ben: Well, he's put out a lot of publicity. He must have some dough behind him.

Lefty: Yeah, but you can't elect a reform ticket in a town like this, Ben. Sol's machine is too strong...not unless you've

ベン: いっしょの若い女はだれかね。
レフティ: 何だい，あんた，新聞を読まないのかい。

ベン: （笑う）読むさ。浸画の「リル・アブナー」はね。だれだい，あの女。アブナーの恋人のデイジー・メイか。
レフティ: 名前はジューン・ライアンズ。ジャンセンの新しい秘書か何かなんだが，今度の選挙運動の参謀だって話だ。

ベン: そうかい。あんな参謀だったら，おれだって欲しいね。

レフティ: （笑う）いや，いや，あの手の女はよしときな。ありゃ伝道師ってタイプだ。
ベン: ジャンセンってやつの見込みはどうなんだい。
レフティ: そういやあ，あんたはこの町に来たばかりだったな。ジャンセンは落選確実さ。

ベン: だけど，運動はけっこうやってるじゃないか。選挙資金をたっぷり用意したようだな。
レフティ: そりゃそうだろうけど，この辺じゃ革新派の候補はぜったい駄目なのさ，ベン。ソルー派の勢力が強すぎるんだ。何かスキャンダルでも，それも，よほどきたないスキャンダルで，

got some dirt, some real dirty dirt that smells so bad people can't ignore it. And who is going to get anything on Sol with half the police force on his payroll?

Ben: So he isn't even worried, huh?

Lefty: Ah, why should he be? Sol puts up the dough, Maddux wins again and Sol keeps on running the town. (*door opens; footsteps*) Oh, that must be Sol now.

Sol: Hi-ya, Lefty. Hi-ya, Benny.

Lefty: How are you?

Sol: See your draft board today?

Ben: Yeah, I saw'em.

Sol: What did they say?

Ben: Same thing. I still got that hernia from football.

Sol: Huh. That football hernia comes in pretty handy, don't it?

Ben: What's that crack supposed to mean?

Sol: What's the matter, Benny? Can't you take a joke?

だれもがとてもほうってはおけないってな話でも握ってるんなら，別だろうけどね。第一，警察の連中の半分はソルの金をもらっているんだ，手を出すやつなんかいるものか。

ベン： じゃ，ソルは全然気にもしてないってのか。
レフティ： そうさ，当り前だろう？　ソルが資金を出し，マダックス市長がまた勝って，ソルは今までと同様この町を牛耳っていくのさ。（ドアが開く。足音）あ，今度はソルに違いない。

ソル： よう，レフティ。よう，ベニー。
レフティ： いらっしゃい。
ソル： おまえ，今日も徴兵局へ行って来たのか。
ベン： ええ，行って来ました。
ソル： 何と言われた。
ベン： いつも同じことで，フットボール選手時代からのヘルニアが治ってないんで軍隊には入れないそうです。
ソル： ふん。そのヘルニアがいい口実になってるんだな。

ベン： 口実にして逃げてる，と言うんですか。
ソル： 何だい，ベニー，冗談言っただけじゃないか。

Ben: Sure, I can take a joke.

Sol: What have you got on this afternoon, Benny?

Ben: I guess you forgot. This is my day off.

Sol: I said, "What have you got on this afternoon?"

Ben: Nothing that I can remember now. Why?

Sol: Little job.

Ben: What kind of a job?

Sol: I got a tip. Some friends of mine may be in a little trouble. Something about...a bank.

Ben: Why don't you stick to the bookies and the gamblings, Sol? You'd be safer.

Sol: Listen, Benny, any time you think you're big enough to run this business, just let me know. I'll be glad to work something out for you.

Ben: What's the job?

Sol: These kids are...are goin' to crack the

ベン：　　　冗談はわかってますがね。
ソル：　　　ベニー，今日の午後，用事があるのか。

ベン：　　　お忘れですか。今日はおれ，休みなんです。
ソル：　　　今日の午後，用事があるのかって聞いたんだ。

ベン：　　　考えてみりゃ別にありません。どうしてです。

ソル：　　　ちょっとした仕事がある。
ベン：　　　どんな仕事ですか。
ソル：　　　情報が入ってな。おれの友だちが少しゴタゴタにまきこまれたかもしれんのだ。つまりな，銀行がらみの仕事さ。

ベン：　　　あんた，競馬ののみ屋と博打場のほかには，手を出さんほうがいいんじゃないですか。危ないですぜ。
ソル：　　　おい，ベニー，おまえ，おえらくなって，商売のやり方に口を出そうってのかよ。一人前になったらいつでも知らせな。そんときゃ，おれが後ろ盾になってやるぜ。

ベン：　　　仕事って何です？
ソル：　　　若い者が，キャッスルトン市の第一ナショナル銀行を，終

Castleton First National just after closing time. They got a room here in this hotel, room 480. They'll be back here about 3 : 30. You see, I own this hotel and I want you to go up and collect the room rent. I'm giving them good protection so I figure it'll come to about twenty grand.

Ben: Yeah? Well, figure on getting somebody else to collect it.

Sol: Eh?

Ben: I said get somebody else. I don't like guns and I don't like gunsels and you know it.

Sol: Listen, you punk. You think you're a big guy, don't ya? A big guy with muscles. And I'm just a little guy. That's what you think, isn't it? But if you try to cross me, I'll have you crawling to me on your knees. When I get through with you, you, you, you, you'll beg me to use a gun on you. Because you're yellow, aren't you?

業直後に襲う予定でいる。そいつらはこのホテルの480号室に泊まっているんだ。3時半には戻ってくるだろう。このおれはホテルの持主なんだからな，おまえに出向いていって，部屋代を取立てて来てもらおうと思うのさ。あの連中には特別目をかけてやってるんだから，部屋代としちゃ2万ドルってところかな。

ベン： なるほど。でも，集金係ならほかのだれかにあたってくださいよ。

ソル： 何だと？

ベン： ほかのだれかにって言ったんですよ。おれはピストルもガンマンも嫌いなんだ。ご存知でしょう。

ソル： おい，役立たず。何様のつもりなんだ。そのでかい図体なみにえらくなったつもりかよ。で，おれが小者でしかないとでも思ってんだな。図星だろう。とんでもねえ話だ。おれにさからってみろ，地べたにはいつくばらせてやるぞ。き，き，きさまに，思い知らせてやる。いっそひと思いに殺してくださいって，泣き言を言わせてやるぞ。たかが臆病者のくせに。違うって言えるか。

	Aren't you?
Ben:	What's the room number?
Sol:	480.
Ben:	Come on, Lefty.
Lefty:	Yeah. OK. (*Ben and Lefty go out of room*) **Gee. That was lousy.**
Ben:	Skip it.
Lefty:	You're going to do it though, aren't you?
Ben:	Sure. I'll see you up there, 3:15. By the way, what did you say that dame's name was?
Lefty:	What dame?
Ben:	That dame with Jansen, that brains of the opposition.
Lefty:	You mean June Lyons?
Ben:	Yeah, that's it.
Lefty:	Now wait a minute, Ben. You know, that's poison. If Sol ever thought that....
Ben:	You know, Lefty, Miss Lyons interests me in more ways than one. (*music*)

ベン：	部屋は何号室ですって？
ソル：	480号室だ。
ベン：	出かけようぜ，レフティ。
レフティ：	うん，行くよ。（ベンとレフティは部屋を出る）やれやれ。ひどい目にあったな。
ベン：	言うなよ。
レフティ：	でも，言いつけられたことはやるんだろう？
ベン：	ああ。3時15分に例の部屋で落ち合おう。ところで，さっきの女の名前は何といったっけ？
レフティ：	女って？
ベン：	ジャンセンといっしょにいた，野党のブレーンの女さ。
レフティ：	ジューン・ライアンズのことかね。
ベン：	そう，それだ。
レフティ：	おい，ちょっと待ってくれよ，ベン。そりゃ，やばいぜ。もしソルに知れてみろよ……。
ベン：	実はな，レフティ，ライアンズさんにゃ，いろいろと興味があるのさ。

(音楽)

2

(*sound of car stopping*)

Ben: Alright, get rolling.

June: Are you er....

Ben: That's right, get rolling. (*car starts up*) So you're June Lyons, the brains of the opposition?

June: What's this hot tip you told me about over the phone? I don't have much time.

Ben: What's the matter? Are you worried?

June: Not particularly.

Ben: You don't have to be. I'm not interested in you.

June: Why do you want to see Jansen elected?

Ben: Suppose you let me ask the questions.

June: Alright.

Ben: I'll ask you the same one. Why are you working for Jansen?

June: Oh, I'm just one of those crazy idealists,

⑵

（車の止まる音）

ベン： よし，車を出してくれ。
ジューン： あなたね，あの電話の……？
ベン： そうだ。出しなったら。（車，走り出す）じゃ，あんたが野党の参謀役，ジューン・ライアンズさんかい。

ジューン： 電話で言ってた耳よりな情報って何なの。私，あまり時間がないのよ。
ベン： どうしたんだい。心配なのか。
ジューン： 別に。
ベン： 心配の必要なんかないよ。あんたにゃ興味はないんだ。

ジューン： どうしてジャンセンの当選を望んでいるの。
ベン： 質問はおれのほうからさせてもらおうか。
ジューン： いいわ。
ベン： 同じことを聞くぜ。あんた，何でジャンセンの仕事をやってんだい。
ジューン： そうね，私も，いかれた理想主義者だからでしょ。

I guess.

Ben: Just a missionary, huh?

June: Well, Jansen may not be the best man in the world but at least he isn't hooked up with a racketeer like Sol Casper, the way Maddux is.

Ben: June.

June: Oh, it's June now? What's your name?

Ben: Maybe I'll tell you that later and maybe I won't. Listen, June, if you were one of those earnest kids who stand around on street corners handing out leaflets, I might believe you wanted to reform the world. But you're not. I know that you know that electing Jansen isn't going to reform the world or even reform Lake City. It just doesn't make that much difference.

June: Well, it does to me. But...there's something else too.

ベン：	なるほど，伝道師ってやつか。
ジューン：	そりゃ，ジャンセンは世界一の男ってわけじゃないわ。けど，少くとも，マダックスみたいに，ソル・キャスパーなんてギャングとつながっちゃいないわよ。
ベン：	ジューン。
ジューン：	あら，ジューンなんて，気やすく呼んでくれるわね。自分の名も名乗ったらどう？
ベン：	後で名乗るかも知らんし，名乗らんかも知らん。ともかくな，ジューン，あんたが街頭につっ立ってパンフレット配りをするような狂信家タイプだったら，全世界の改革を目指すなんて話を本気にしてやってもいい。でも，あんたはそういう人間じゃない。わかってるはずだぜ，ジャンセンを当選させてみたって，全世界はおろか，このレイクシティだって改革なんかできゃしないんだ。どうせたいして変わりゃしないんだよ。
ジューン：	でも，私には，できるって思えるのよ。もっとも，別の理由もあるんだけど。

Ben: Like what?

June: If Jansen wins, of course I'll get a city job out of it. A good one.

Ben: That's more like it.

June: But I want to explain why.

Ben: You don't have to explain anything.

June: But I want to. I'm a lawyer, at least I have a degree from law school. And I want to be a good lawyer. If you start out on your own, it can take years. But with the right job at City Hall, you can build up a practice in no time.

Ben: OK. As long as it's the dough you're thinking about, we can do business.

June: Well, it isn't just money.

Ben: I know. Now listen. I know you're a missionary. Now listen, if I...if I give you some dirt on Sol Casper that will send him up for ten years or so, Jansen wins. Right?

June: Well, if you can prove it.

ベン：	と言うと？
ジューン：	ジャンセンが勝てば，私もこの町で使ってもらえるわ。いい役職がもらえるはずよ。
ベン：	そういうことなら，よくわかるね。
ジューン：	待ってよ，ちゃんと説明しておきたいから。
ベン：	説明なんか何も要らないよ。
ジューン：	言っておきたいのよ。私の商売は法律なの。これでも法学部の卒業なんだから。いい弁護士になりたいって思ってるの。1人で法律事務所を始めたりしたら，ものになるには何年もかかってしまうでしょう。ところが，市役所にちゃんとした仕事が見つかれば，あっという間にひっぱりだこになれるわ。
ベン：	ようし，わかった。あんたも金のことを考えているんなら，お互い，取引きができるってもんだ。
ジューン：	お金だけのことじゃないのよ。
ベン：	わかるよ。まあ聞きな。あんたは伝道師なんだ。聞きなって。もしだよ，ソル・キヤスパーが，10年位はくらいこむようなスキャンダルの話があるとして，その情報をあんたに流してやったら，ジャンセンの勝利につながるってことになる。な，そうだろう？
ジューン：	そりゃ，証明できたらのことね。

Ben: You're going to prove it. Three punks from Chicago are sticking up the Castleton First National Bank about three this afternoon. Sol Casper's hiding them out at his hotel. Room 480. If there is any shooting at the bank and anybody gets killed, it'll be that much better. We'll have him for accessory to murder. You have your people there at four o'clock and I'll take care of the rest.

June: Well, if we come out with this and it can't be proved, it's criminal libel. And that's all Jansen needs to really lose.

Ben: So, what do you think?

June: I think you're working for Maddux and Casper.

Ben: Hum. Could be. But at least I know my law.

June: What law?

Ben: Castleton Bank is insured with the government, and that makes the stickup a

ベン:　　　証明はあんたのほうにまかせるよ。シカゴのチンピラが3人，キャッスルトン市の第一ナショナル銀行を今日の午後3時に襲う予定なんだ。ソル・キャスパーはこいつらを自分のホテルにかくまっている。480号室だ。銀行で撃ち合いでもあって死人でも出りゃ，ますますけっこう。ソルを殺人の共犯にできる。4時にあんたのお仲間を寄こしてくれないか。あとはおれのほうで手配しておくから。

ジューン:　　　でも，その通りにやったとしても，証明ができなければ，名誉毀損罪になるわ。そうなったら，ジャンセンは本当に敗北疑いなしよ。

ベン:　　　なるほど。じゃ，どうする？

ジューン:　　　あなたは，マダックスとキャスパーの手先じゃないの？

ベン:　　　ふん，かもな。でも，おれだって法律は心得てんだぜ。

ジューン:　　　法律って？

ベン:　　　キャッスルトン銀行は政府の保証する機関だから，襲われた

	federal rap. If you want the number of the FBI, I'll give it to you.
June:	Oh.
Ben:	And for your information, my name is Ben Grace and I work for Sol Casper. So I'm not a guy who's in a very good position to go around giving phony tips to the FBI. Er...you can pull right up here.
June:	Why are you doing this?
Ben:	Because I just decided Sol Casper is mean and he's greedy. Is that enough?

(*car stops*)

June:	If you say so. Room 480 at four o'clock...Ben?
Ben:	Yeah?
June:	Will I see you...afterwards?
Ben:	Don't worry, baby, you'll see me. (*music*)

りしたら，法律上の責任は連邦政府に来るんだってことさ。連邦捜査局の電話番号を知りたけりゃ，教えてやるよ。

ジューン: まあ。

ベン: もうひとつ教えておく。おれの名はベン・グレース。ソル・キャスパーの仕事をしてる。だから，おれのほうから，捜査局にあやしげな情報を流すってのは，立場上まずいのさ。じゃ，車はここで止めてもらおう。

ジューン: どうして，こんなことしてくれるの。

ベン: ソル・キャスパーは，卑劣でがめついやつだと考えるようになったからさ。わかったかね。（車が止まる）

ジューン: なるほど。4時に480号室ね。……ベン。

ベン: 何かね。

ジューン: またお会いできる？　片付いてから。

ベン: 心配するなよ。会えるさ。　　　　　　　　（音楽）

3

Ben: So this is room 480. Looks just like room 481. Hi, Lefty.

Lefty: Hi, sit down, Ben. You didn't take it too hard what Solly said, did you?

Ben: I can't say I liked it. What time is it?

Lefty: Oh, a couple of minutes to four. Now it's too bad about you, Ben.

Ben: What's too bad?

Lefty: That you don't like trouble. You can go a long way in this racket, Ben, because you've got brains. Now me, I don't have the brains.

Ben: (*laughing*) I wouldn't....

Lefty: Did I ever tell you about how I started, Ben?

Ben: No.

Lefty: I was a preacher.

Ben: A what?

(3)

ベン: 　　ここが 480 号室か。481 号室とぜんぜん違わないな。よう，レフティ。

レフティ: 　　やあ。座ってくれよ，ベン。あんた，ソルの言ったこと，怒っちゃいまいね？

ベン: 　　気に入ってるとも言えんがね。今，何時かな。

レフティ: 　　ええと，あと 2，3分で 4時だ。あんたも残念なことだなあ，ベン。

ベン: 　　何が残念だって言うんだい。

レフティ: 　　あんたがごたごたを好かんってところがさ。ベン，あんたは頭が切れるんだから，この商売じゃ出世できる人間なんだぜ。おれのほうは馬鹿だからどうしようもないがね。

ベン: 　　（笑う）おれは別に，そんな……。

レフティ: 　　昔のおれのこと，話したことがあったっけ？

ベン: 　　いいや。

レフティ: 　　牧師だったのさ，おれ。

ベン: 　　牧師だって？

Lefty: Yep, a preacher. So help me, by rights I still am. Look here, I've got the license right here in my wallet. It was one of those hillbilly outfits and the bishop, as he called himself, was so far away from me that...he never ever heard about me, I guess. Anyway he never cancelled the license.

Ben: The Reverend Richard Hosea Gauss. (*laughs*) Yeah, that's one for the books, Lefty.

Lefty: Ha-ha. Yeah, I was just a kid. But I got hooked up with one of those big-time evangelists and if I'd stuck to it I could have hit the big time myself. But you know what I did? The first time we made a really big take, I tied a handkerchief over my face, got me a rod and sticked up the cashbox! Ah-ha! And they caught me. That's how I know I haven't got brains.

レフティ: そうさ，牧師さ。いや，理屈としちゃ，今だってそうなんだ。ほら，財布にちゃんと任命状が入ってる。田舎の教会のことでね，おえらい司教様は離れた町にお住みだったから，まあ，おれの話なんかお耳に入らなかったんだろうよ。ともかく，任命状は取上げられないままになったんだ。

ベン: 牧師リチャード・ホゼア・ガウス様かよ。（笑う）いや，こいつは驚きだな，レフティ。

レフティ: ハッハッ。まったくだ。ガキのころだった。大物福音伝道師にかわいがられたのさ。あのままでいたら，おれも大物になってたんだがね。だけど，おれが何したと思う？ 献金が初めてうんと集まった日に，ハンカチで顔を隠して，ピストル持って，会計係を襲っちまったのさ。お笑いだね。で，つかまっちまった。こんな調子だからな，頭が切れるなんてわけがない。

Ben: I wouldn't let it worry you, Lefty.

Lefty: That's not what's worrying me now, Ben.

Ben: Well, what is?

Lefty: What's going to be happening in here in a couple of minutes? You've ever sat in on a divvy before, Ben?

Ben: No, and I wouldn't be now except for the manpower shortage.

Lefty: These are three wild kids, Ben. Chances are they will be coked to the ears and slobbering at the mouth, would be in half scared to death and half crazy with excitement thinking how much dough they got and what big, big shot public enemies they are. And we, yeah, you and me, we gotta walk up and take twenty grand away from them.

Ben: Mmm. Alright, here they are, so now we're going to find out how it's done.

Johnny: This is it. Get him in here. (*footsteps*)

ベン：　　　頭なんておれなら気にしないがね，レフティ。

レフティ：　今，気になってるのは別のことなんだよ，ベン。

ベン：　　　ほう，何かね。

レフティ：　あと2，3分でここで何が起こるかってことさ。ベン，あんた金の山分けの相談に出たことってないだろう？

ベン：　　　ああ。今度だって，人手不足でなきゃ来ちゃいない。

レフティ：　暴れん坊のガキ3人だぜ，ベン。きっとヤクでもくらって，よだれでもたらしてるんだ。死ぬほどおびえてもいるし，大金を手に入れた，一人前の大物ギャングになったってんで得意面でもある。その3人のところへ，おれたち，そう，あんたとおれとが乗りこんでいってさ，2万ドル取り上げようってんだぜ。

ベン：　　　事だな。よし，来たぜ。山分けの見学といこうか。

ジョニー：　この部屋だ。やつをかつぎこめ。（足音）

Arch: (*moaning*) Oh, Johnny, don't leave me. Will you, Johnny?

Johnny: Get him over there.... Who are you?

Ben: I'm the man who collects the room rent.

Johnny: Yeah? Well, stick 'em up. Frisk him, Marty.

Ben: Go ahead. I don't need a rod to handle punks like you.

Marty: This guy's crazy, Johnny.

Johnny: What about the other one?

Ben: He's with me and he's got a gun and don't try to take it away from him because it's an old family heirloom and he's fond of it.

Johnny: Oh, yeah?

Ben: Now, stop acting like something you've seen in the movies and put that cannon away. You might drop it and break somebody's foot.

Arch: Johnny! Johnny!

アーチ： 　（うめく）ジョニー，おいてかないでくれ。頼むよ，ジョニー。

ジョニー： 　こっちへ連れてこい……だれだ，てめえは。

ベン： 　部屋代を取りに来たんだ。

ジョニー： 　へえ？　てやんでえ，手を挙げな。マーティ，身体を調べてみろ。

ベン： 　ああ，調べてみろよ。おまえら若造を相手にするのに，ピストルなんて持ってくるもんか。

マーティ： 　こいつ，いかれてるぜ，ジョニー。

ジョニー： 　もう一人のやつは何だ。

ベン： 　おれの連れだ。ピストルは持ってるが，取り上げるのはよしておけよ。先祖伝来のピストルで，こいつのお気に入りと来てるからな。

ジョニー： 　へん，ぬかしやがる。

ベン： 　おい，映画スターみたいに恰好つけるのは止めにして，ピストルをひっこめな。落っことしてみろよ，だれかが足に怪我しちまうぜ。

アーチ： 　ジョニー！　ジョニー！

Ben: What's the matter with your pal there?

Johnny: He got shot.

Ben: Anybody else?

Johnny: No. The guards shot him when we were pulling off.

Arch: Oh, oh, Johnny.

Lefty: You'd better get him over there on that bed.

Arch: You're going too fast, Johnny. You're going too fast.... (*moaning*)

Lefty: He's out of his head.

Ben: Yeah. Did you get the dough?

Johnny: Did we get the dough? Look at this, wise guy. Forty grand, maybe more.

Ben: Do you know how much this room is costing you?

Johnny: How much?

Ben: Twenty grand.

Johnny: Twenty grand!

Ben: That's right. I'll be back here after a while to collect it. What are you going

ベン:　　　　そっちのお友達はどうしたんだ。
ジョニー:　　やられたんだ。
ベン:　　　　ほかにもだれかやられたのか。
ジョニー:　　いいや。こいつは引上げるって時に，警備員のやつらに撃たれちまったんだ。
アーチ:　　　痛いよ，ジョニー。
レフティ:　　こいつをそっちのベッドに寝かしてやりな。

アーチ:　　　ジョニー，ゆっくり走ってくれ。早すぎて，おいつけない……。（うめく）
レフティ:　　うわごとを言ってるぜ。
ベン:　　　　そうだな。おい，金は手に入れたのか。
ジョニー:　　手に入れたかだって？　見ろよ，これを。どんなもんだい。4万ドルか，もっとあるぞ。
ベン:　　　　おまえさん，この部屋がいくらかかるのか，わかってるのかね。
ジョニー:　　いくらだ。
ベン:　　　　2万ドルだ。
ジョニー:　　2万ドルだって！
ベン:　　　　そうさ。少ししてから，いただきに来る。その腹に穴のあいたお仲間はどうする気だ。

	to do with your pal there with the holes in him?
Johnny:	I don't know. (*Arch is moaning, 'Johnny, Johnny'*)
Ben:	You know that's bad, don't you?
Johnny:	Why?
Ben:	He's out of his head already. Suppose he makes trouble, starts screaming or something?
Johnny:	You got doctors, haven't you?
Ben:	Sure, but that kind of a doctor, that's one more guy that'll have to get a cut. Pretty soon you guys won't have anything left but small change.
Johnny:	That's what you think.
Ben:	But, of course, maybe the kid'll die.
Johnny:	Yeah? Then what do we do? That's even worse.
Ben:	Oh, no, no, that'll be easy.... We'll be seeing you. (*Ben and Lefty go out of room*)
Lefty:	I hope you know what you're doing,

ジョニー：	知らねえよ。（アーチ，「ジョニー，ジョニー」とうめいている）	1
ベン：	まずいことになったな。	
ジョニー：	どうして？	
ベン：	そいつはもう精神錯乱状態だ。あばれたり，叫んだりし始めたらどうする。	5
ジョニー：	医者ぐらいいるんだろう？	
ベン：	そりゃいるさ。だが，その手の医者は，分け前を要求するようなやつと決まってる。あっという間に，おまえさんたちの手元には小銭ばかりしか残らないなんてことになるぜ。	10
ジョニー：	そんなことになってたまるか。	
ベン：	まあ，もちろん，そいつが死ぬってこともありうるわな。	
ジョニー：	そうだな，そうなったらどうしよう。ますます始末に困っちまう。	
ベン：	いや，違うね，始末は楽になるさ……。またあとでな。（ベンとレフティ，部屋から出る）	15
レフティ：	あんた，自分のやってることがわかってんだろうな，ベン。	

Ben: Ben.
I think so. Come on, I got the room next door.

Lefty: You know you just as good as signed that kid's death warrant, don't you?

Ben: That's right.

Lefty: The other two will knock him off now before we've got time to do what....

Ben: Now listen, I'll get to the transom open to the connecting door.

Arch: Johnny! No! No! No! (*gunshot*)

Lefty: They did it.

Ben: Yeah. Maybe we'd better call Sol, huh?

Lefty: I hope you know what you're doing.

Ben: (*on telephone*) Give me Mr. Casper. Ben Grace speaking.

Lefty: I hope you know what you're doing, Ben.

Ben: Sol, this is Ben. You'd better come up to room 480, Sol. They want to see you personally. I said they want to see you

| ベン： | そのつもりさ。さあ，隣の部屋を借りておいた。 |

レフティ：	あんたは，あの若造の死刑執行令状にサインしたも同然じゃないか。
ベン：	そうだな。
レフティ：	あとの2人はあいつを殺しちまう気だぜ。おれたちにはどうすることもできやしないし……。
ベン：	まあ，聞いてみろよ。隣室に続くドアの上に明り取り小窓がついてるぜ。その近くへ行ってみよう。
アーチ：	ジョニー！ よせ，よしてくれ！（銃声）
レフティ：	やりやがった。
ベン：	そうだな。こりゃ，ソルに電話しなくちゃな。
レフティ：	あんた，自分のやってることがわかってんだろうね。
ベン：	（電話で）キャスパーさんを頼む。おれはベン・グレースだ。
レフティ：	本当に，あんた，やってることがわかってんだろうね，ベン。
ベン：	ソルさん，ベンです。480号室まで来てください。あいつら，直接お会いしたいんだそうです。直接だって言うんです。お金が欲しくないんですか，欲しいんでしょう？ やつらと

personally. Do you want your dough or don't you? I'm not going to wrestle them for it. OK *(hangs up)*... He'll be right up.

Lefty: Then what?

Ben: What do you mean, then what?

Lefty: Ben.

Ben: Yeah?

Lefty: If you've got any little plans, you know I'm all for them, don't you?

Ben: Sure.

Lefty: And you know I hope they come off, don't you?

Ben: Sure.

Lefty: But if they don't come off, you know where I stand on that too, don't you?

Ben: Uh-huh. Yeah, I know. You stand right behind me with a gun in my back.

Lefty: Just so, you know, Ben.

Ben: Yeah, I can see how you would have made a preacher, Lefty. You've got a terrible streak of honesty in you.

とっくみあいなんて，おれ，ごめんですよ。わかりました。
（電話を切る）ソルはすぐやってくるそうだ。

レフティ:　　それで，どうなる。
ベン:　　どうなるって，何のことだ。
レフティ:　　ベン。
ベン:　　何だい。
レフティ:　　あんた，考えてることがあるんだろ。もしそうなら，おれも賛成だぜ。わかってんだろ。
ベン:　　ああ。
レフティ:　　考えてる通りにいけばいいなって，おれ，思ってんだぜ。

ベン:　　わかってる。
レフティ:　　でもさ，もし目論見（もくろみ）が狂ったとしたら，おれの立場がどうなるかもわかってくれてんだろ？
ベン:　　わかってる，わかってるって。おまえ，おれの後ろに回ってピストルをつきつけるんだろう？
レフティ:　　そう，その通りさ，ベン。
ベン:　　まったく，レフティ，おまえはいい牧師になれただろうな。ぜんぜん嘘が言えない人間だからな，おまえは。

Lefty:	Just so, you know, Ben.
	(*door of next room opens; Sol comes in*)
Ben:	Now listen, there he is.
Sol:	I'm Sol Casper. What's going on here?
Johnny:	There's been a little trouble, Mr. Casper.
Sol:	What kind of trouble?
Johnny:	Arch, here, he just died.
Sol:	Died.
Johnny:	He was shot.
Sol:	Alright, so we'll get him out of here tonight. You got the dough?
Johnny:	Sure, we got it.
Sol:	That's it.
Johnny:	Here. (*door opens*)
Department of Justice:	Alright, put up your hands, all of you.
Sol:	What is this?
D.J.:	Department of Justice. You're all under arrest.
Ben:	Well, that's all, pal.
Lefty:	Ben? Where are you going?
Ben:	I got a date with a missionary. (*music*)

レフティ：	そう，そうなんだ，ベン。

（隣室のドアが開く。ソルが入ってくる）

ベン：	聞けよ。やつが来たぜ。
ソル：	おれがソル・キャスパーだ。どうなってるんだ。
ジョニー：	ちょっとまずいことになったんです，キャスパーさん。
ソル：	まずいって，どうした。
ジョニー：	このアーチですが，今，死んじまったんです。
ソル：	死んだって？
ジョニー：	撃たれたんです。
ソル：	わかった。じゃ，今晩ここから運び出す。金は持ってるのか。
ジョニー：	ええ，持ってます。
ソル：	よし。
ジョニー：	これです。（ドアが開く）
連邦捜査局員：	ようし。皆，手を挙げるんだ。
ソル：	何だ，こりゃ。
連邦捜査局員：	司法省のものだ。おまえら全員を逮捕する。
ベン：	じゃ，あばよ，レフティ。
レフティ：	ベン，どこへ行くんだい。
ベン：	伝道師さんと約束があってね。　　　　　　　　（音楽）

4

(*six months later*)

June: Ben.

Ben: Hello, baby. Where's my good evening kiss?

June: Ben, please. I want to talk to you.

Ben: What about?

June: Don't you know?

Ben: Yes, I guess maybe I do.

June: Oh, we can't go on like this, Ben. It isn't right. It isn't fair to Jansen. It isn't fair to.... Oh, it isn't fair to me.

Ben: What's so unfair about it?

June: You know what's unfair about it? Mr. Jansen promised the people of Lake City that if he got elected he'd clean up the town.

Ben: Alright, why doesn't he do it? He's had six months.

(4)

（半年後）

ジューン： ベン，お帰りなさい。
ベン： ただいま。お帰りのキスをしてくれないのかい？

ジューン： ベン，聞いて。お話があるの。
ベン： 何の話かね。
ジューン： おわかりでしょ。
ベン： ああ，見当はつくよ。
ジューン： ねえ，こんな暮しはよくないわ，ベン。正しいことじゃない。ジャンセンにも悪いわ。そうよ，悪いっていえば，私にだってひどいことなのよ。
ベン： 何がひどいってのかね。
ジューン： ひどいって思わないの？　ジャンセン市長は，当選したら町をきれいにするって，レイクシティの市民に公約したでしょ。

ベン： 公約したんだから実行すりゃいいじゃないか。当選してから半年たってんだぜ。

June: Because he doesn't even know what's going on.

Ben: Great. Then what's the beat?

June: Well, I know what's going on. The horse racing places and the gambling places and all the other places are just as open as they ever were. And I know who's keeping them open.

Ben: Of course you do. I am. Listen, honey, if I wasn't bossing the organization, someone else would be. People like to bet and people like to gamble.

June: Ben, don't you see? I'm a city official. I have an obligation to the people of this community, to the people who elected Jansen because they believed in some....

Ben: Still a missionary, huh?

June: Well, I'm not a racketeer.

Ben: Maybe not, but you're the next thing to it.

June: What do you mean?

ジューン: それができないのよ。あの人，何がどうなっているのか，ぜんぜんわかりゃしないんだもの。

ベン: ご立派なもんだ。で，どうすりゃいい？

ジューン: そりゃ，私はどうなっているのかわかってるわ。競馬の馬券売場も博打場も他の所もみんな，前と変わりなく商売をやってる。私はね，だれがやってるのかわかってるのよ。

ベン: そりゃわかるだろう。やってるのはこのおれなんだもの。だけどな，ジューン，おれが組織を取りしきらなけりゃ，ほかのだれかがやることになるんだ。人間てのは，賭け好き，博打好きなのさ。

ジューン: ベン，わかってよ。私，市の職員なのよ。町の人たちへの義務ってものがあるわ。ジャンセン市長を信じて選んだ人たちへの義務がよ。

ベン: 相も変わらず伝道師だね，きみ。

ジューン: でも，私，ギャングじゃないわ。

ベン: そうじゃなくても，似たようなものなのさ。

ジューン: どういうこと？

Ben: Where do you think the dough came from for that car I got you and the fur coat and this place?

June: You never told me.

Ben: Did I have to? You knew I didn't get it from a long lost uncle. Why don't you admit it, baby? You're a chiseler.

June: Am I?

Ben: Sure, just like me. Only I'm honest about it. You're not.

June: Then I will be. Starting now, starting tonight.

Ben: What are you going to do, turn me in?

June: Oh, Ben.

Ben: Maybe your big mistake was falling in love with me, baby. Now there isn't much you can do about it, is there?

June: Oh, Ben, quit it, please. Get out of it. For my sake. Just because I don't like it.

ベン： 　きみに車を買ってやったろう，毛皮のコートも，この家も。その金がどこから出たと思ってるんだい。

ジューン： 　話してくれなかったじゃない。
ベン： 　言う必要もないからさ。行方不明だった叔父貴の遺産がころがりこんだんじゃないことくらい，わかってたんだろう？白状するんだね，きみだって，悪事の片棒をかついでいるのさ。

ジューン： 　そうかしら。
ベン： 　そうさ，おれと同じさ。ただ，おれはそれをちゃんと認めてるが，きみはそうしてないってだけのことだよ。
ジューン： 　じゃ，私も，ちゃんと認めるわ。たった今から。今晩から。

ベン： 　それで何ができるっていうんだい。おれを警察に突き出すってのかい。

ジューン： 　そんな，あなた。
ベン： 　きみの大失敗はね，おれに惚れちまったってことだったのさ。今さら，どうしようもないだろう？

ジューン： 　ねえ，ベン，こんな生活，止めましょう。逃げ出しましょう。私のお願いよ。こんなの，私，いやなのよ。たまらない

	Because I hate it.
Ben:	Maybe I don't like it either. But it's all I know how to do.
	(*door opens*)
June:	What was...?
Sol:	Hi-ya, Benny.
Ben:	Sol!
Sol:	Surprised?
Ben:	Kind of. Did you break out?
Sol:	Yeah. Just to see you, Benny. Put up your hands.
Ben:	You know I never carry a rod.
Sol:	Maybe you sort of wish you did now, huh? Not that you'd have a chance to use it.
June:	What are you going to do?
Sol:	I'm going to kill your boyfriend, sweetheart. And when I've done that, I'll think of something real nice to do to you. You sit right there where you are, sweetheart. Benny, you start backing up

のよ。
ベン： 　そりゃ，おれだって，いやではあるんだ。だけど，あいにく，ほかの生き方は知らないのでね。
（ドアが開く）
ジューン： 　今の音は……？
ソル： 　しばらくだな，ベニー。
ベン： 　ソルか。
ソル： 　驚いたか。
ベン： 　まあな。脱獄したのか。
ソル： 　そうだ。おまえに会いたくてな，ベニー。手を挙げろ。

ベン： 　おれがピストルを持たないのは知ってるだろう？
ソル： 　今は，持ってりゃよかったってくやんでるだろうが，え？そうだとしたって，使うチャンスはやらないがな。

ジューン： 　どうするつもりなの。
ソル： 　おまえさんのボーイフレンドを殺すのよ。それが片付いたら，おまえさんにも何かいいことをやってやろうじゃないか。じっと座ってんだな。ベニー，てめえはそっちのドアの方へ下がって行け。ゆっくりとだぞ。（足音）そこはバスルームだな？

to that door, slow. (*footsteps*) That's the bathroom, isn't it?

Ben: Yeah.

Sol: I think I'll kill you in the bathtub, Benny. That way it'll be quiet. There won't be so much of a mess. Now reach behind you real careful and open the door. And when I tell you to start backing in, you back in. Alright, start backing.

(*two gunshots; sound of Sol falling down*)

Ben: June!

June: Is he...?

Ben: Yeah. Since when have you been carrying a gun?

June: Just lately. Ben, are you alright?

Ben: Yeah, I just want to sit down a minute.

June: Oh, Ben.

Ben: We've got to get out of here.

June: Ben, Ben, listen to me. We'll go away. We'll go out of the country. We'll go to

ベン:　　　　ああ。

ソル:　　　　風呂桶の中で殺してやろう。そうすりゃ音がしないし，あまり汚れもせんだろう。よし，ゆっくりと手を後ろに伸ばして，ドアを開けるんだ。それから，おれが下がれと言ったら下がる。いいな。下がれ。

　　　　　　（銃声2発。ソルの倒れる音）

ベン:　　　　ジューン！
ジューン:　　その人，死んだの？
ベン:　　　　そうだ。きみ，いつからピストルなんか持ち歩いてたんだ。

ジューン:　　最近になってからよ。ベン，大丈夫？
ベン:　　　　ああ。ちょっと腰をおろしたいだけだ。
ジューン:　　よかった，ベン。
ベン:　　　　ここから逃げ出さなくちゃ。
ジューン:　　ベン，ねえ，聞いて。遠くへ行きましょ。アメリカから出ましょ。カナダへ行きましょうよ。

Canada.

Ben: Sure.

June: We can get married there. You do want to marry me, don't you, Ben?

Ben: You know I do, baby.

June: You can join the army up there. I'll do something too. We'll do something decent with our lives. Oh, darling, I know it's been partly my fault, I know I've been weak but it isn't too late to begin again, is it, darling?

Ben: Maybe not. But your aim on that second shot wasn't too good, baby.

June: Ben?

Ben: So there's just one thing that's stopping it.

June: Ben, what?

Ben: The bullet hole in my belly. (*music*)

ベン：　　　いいよ。
ジューン：　カナダでなら結婚式もできるわ。あなた，私と結婚したいでしょう，ベン？
ベン：　　　もちろんだ。
ジューン：　カナダで軍隊に入ったらいいわ。私も何か仕事を見つける。2人でまともに暮らしましょう。ねえ，あなた，これまでは私だって悪かったんだわ。弱虫だったもの。でも，再出発が遅すぎるってことはないわよね，そうでしょ？

ベン：　　　ないだろうな。でもな，きみの2発目の狙いは，あまり正確じゃなかったぞ。
ジューン：　え？
ベン：　　　だからな，せっかくの計画なんだが，1つまずいところがあるんだ。
ジューン：　まずいって何，ベン？
ベン：　　　腹に一発くらっちまったんだよ。　　　　　（音楽）

5

(*in hospital*)

Officer: Well, hello, big shot. You've been in the land of Nod, haven't you?

Ben: (*sighs*) Where am I?

Officer: The city hospital.

Ben: Yeah? What are you doing here?

Officer: Reading the funny papers, can't you tell?

Ben: Well, why can't you read them at home?

Officer: Because there's been a little thing that we policemen call murder, big shot. You're what we call a material witness.

Ben: Where's June? June Lyons.

Officer: She's in a nice cosey cell. When she comes to trial, your statement will probably send her up for five or ten years to another nice cosey cell.

⑸

（病院で）

警官: よう，大物，目が覚めたか。しばらくおねんねだったな。

ベン: （嘆息をつく）ここはどこだ。
警官: 市立病院さ。
ベン: ほう。あんたはここで何してるんだ。
警官: 漫画新聞を読んでるのさ。わからんのかい。

ベン: ふん，そんなもの，家へ帰って読めよ。

警官: そうはいかんな。おれたち警察の用語で，謀殺っていう，ちょいとした事情があるんだ。大物さんよ，あんたは重要参考人ってわけさ。
ベン: ジューンはどこだ。ジューン・ライアンズは？
警官: 居心地のいい独房にいるぜ。あの女が裁判となりゃ，あんたの証言で，別の独房に移って，5年か10年過ごすことに決まるだろうよ。

Ben: What statement?

Officer: Oh, you'll talk.

Ben: Yeah?

Officer: You know what you got, big shot?

Ben: Sure. I got ventilated with a lead slug.

Officer: Yeah, but that's not all. You've got peritonitis.

Ben: Oh, I have, so what?

Officer: So, I've seen guys with peritonitis before. You know what happens? First they start getting a fever, then they get kind of light-headed, then they get thirsty, terribly thirsty. And after a while you get so you can make them talk without their hardly knowing that they're talking.... Yeah, you'll talk alright.

Ben: You think so.

Officer: I know so.

Ben: Where's Lefty Gauss?

Officer: You mean your faithful servant? He's right outside.

ベン：　　　だれが証言なんかするか。
警官：　　　いやいや，証言するね。
ベン：　　　ふん，そうかね。
警官：　　　あんた，自分の状態がわかってんのかい。
ベン：　　　わかるさ。鉛の弾丸で風穴を開けられただけだ。
警官：　　　ああ。でも，それだけじゃないぜ。あんたは腹膜炎なんだ。

ベン：　　　そうかね。でも，どうってことあるまい？
警官：　　　いやいや。おれは腹膜炎の症状を見てるんだ。どうなると思う？　まず，熱が高くなる。それから，目まいがして，のどがかわく。カラカラになるのさ。で，もう少したつと，自分じゃ気付かずに，どんな質問にもペラペラ答えてしまうんだ。そうさ，ちゃんと証言はしてもらうよ。

ベン：　　　そんなの，仮定の話だ。
警官：　　　どっこい，事実さ。
ベン：　　　レフティ・ガウスはどこにいる？
警官：　　　あんたのご家来かい？　すぐ外にいる。

Ben: Can I talk to him alone?

Officer: Sure, why not? (*opens door*) Hey! Puttynose! Your boss wants to see you.

Lefty: Thanks, you funny, funny fella. (*comes into room*) How are you, Ben? How are you feeling?

Ben: Oh, not too good. I got some plans to talk over with you, Lefty.

Lefty: OK.

Ben: Oh, er...flatfoot.

Officer: Yeah, what do we have now, big shot?

Ben: You say the D.A. wants me to talk, huh?

Officer: Maybe he was just pretending.

Ben: Well, suppose I had some conditions?

Officer: Like what?

Ben: Well, like I only talk in the apartment where it happened, June Lyon's apartment. June Lyons has got to be there, and Lefty here too, to back up some things I might say.

ベン:	2人だけで話していいかね。	
警官:	ああ，どうぞどうぞ。（ドアを開ける）おい，鼻曲がり。おまえのご主人様が会いたいとよ。	
レフティ:	わかった。ふざけた野郎だな，きさま。（部屋に入る）どうだい，ベン，気分は。	5
ベン:	上々とも言えんな。少し考えたことがあるんで，相談したいんだよ，レフティ。	
レフティ:	わかった。	
ベン:	おい，そこのおまわりさん。	
警官:	おう，何だい，大物。今度は何のご用だ。	10
ベン:	地方検事がおれと話したがってるって？	
警官:	そんなふりしてみせてるだけかもよ。	
ベン:	で，こっちで条件が少しあると言ったらどうだ。	
警官:	条件って？	
ベン:	そうさな，おれがしゃべるのは，例の事件のあったジューン・ライアンズの部屋でだってことさ。ジューン・ライアンズには来てもらう。このレフティにも，おれの言うことの証人になってもらうんで，来てもらわなくちゃな。	15

Officer: That might be arranged.

Ben: Do you think the D.A. might forget a couple of those little things he's been holding against me if I talk?

Officer: That'd be the general idea.

Ben: OK. You can close the door as you go out and tell the D.A. to be around in about an hour. I'll talk. (*music*)

警官：　何とかしよう。

ベン：　おれがしゃべれば，ちょっとしたおれの違法行為のほうは，地方検事も，忘れてくれそうかね。

警官：　ま，そんなところだろうな。

ベン：　よし。地方検事のところへ行ってきてくれ。1時間ほどしたら来てくれって言うんだ。しゃべってやる。ドアをちゃんと閉めていけよ。　　　　　　　　　　　　　（音楽）

6

Doctor: All I'm saying is I won't be responsible, dragging a man of his condition way out here in an ambulance and lugging him up three flights of stairs on a stretcher.

District Attorney: Doc, that's the way he wanted it. And that's the way it's going to be. Alright, everybody here? Miss Lyons?

June: Yes.

D.A.: Lefty Gauss?

Lefty: Yes.

D.A.: How is he, Doctor?

Doc.: I've already told you. But he can talk.

Ben: Stop worrying about me, Mr. D.A.. You're breaking my heart.

D.A.: Are you ready to start, Ben?

Ben: Uh-huh. May I have a glass of water?

D.A.: Of course.

⑹

医師: 　言っておきますが，わしには責任が持てませんぞ。こんな重病の患者を救急車ではるばる連れ出した上に，たんかに乗せて4階までひっぱりあげたりしてるんですからな。

検事: 　先生，この男の希望なんですよ。そうするほかないんです。よし，皆そろったな。ライアンズさんは？

ジューン: 　います。
検事: 　レフティ・ガウスは？
レフティ: 　はあ。
検事: 　先生，その男の具合はどうです。
医師: 　さっき申した通りです。だが，口ぐらいきけますがね。
ベン: 　検事さんよ，おれの心配ならよしてもらおうか。ありがたくって涙が出るぜ。
検事: 　じゃ，始めていいのか，ベン？
ベン: 　いいとも。水を1杯もらえるかな。
検事: 　いいとも。

Ben: Thanks. Alright, I'm ready.

Lefty: (*clears his throat*) Do you... do you, Ben, take this woman, June, to be thy lawful wedded wife, to love and to cherish, for better for worse, till death do you part?

D.A.: What's going on here?

Lefty: Quiet!

Ben: I do.

Lefty: Do you, June, take this man, Ben, to be thy lawful wedded husband, to love and to cherish, for better for worse, till death do you part?

June: I do.

Lefty: I pronounce you....

D.A.: Oh, no, you don't.

Lefty: Oh, yes, I do. I'm a licensed preacher and this is Miss June Lyons' apartment and it's outside the city's jurisdiction. It's in the county. And this marriage license was taken out at the County Court House one minute before they closed today. And

ベン：	どうも。よし，いいぞ。
レフティ：	（せきばらいをする）ええと，ベン，汝はこの女，ジューンを正式に結婚せる妻として，死が 2 人を分かつまで，幸いにも災いにも，愛し，いつくしむことを誓うか。
検事：	何やってるんだ。
レフティ：	静粛に!
ベン：	誓います。
レフティ：	ジューン，汝はこの男，ベンを正式に結婚せる夫として，死が 2 人を分かつまで，幸いにも災いにも，愛し，いつくしむことを誓うか。
ジューン：	誓います。
レフティ：	この誓いによって，2 人は結ばれて……。
検事：	とんでもない。許さんぞ。
レフティ：	いやいや，やらせてもらうぜ。おれには牧師の任命状がある。それに，ここはジューン・ライアンズさんの部屋で，市の行政区域の外なんだ。ここは郡内なんだ

when I sign it, brother, it's legal. I pronounce you man and wife.

Ben: I suppose you've heard that a man can't testify against his wife, Mr. D.A.?

D.A.: Yes, yes, I know.

Ben: And by the way, do you mind if I kiss the bride?

D.A.: No, go ahead.

June: Oh, Ben. Ben, darling. That was the finest....

Ben: Oh, that was nice.

June: Ben, your face is so hot.

Ben: Yeah, (*gasping*) I thought maybe I was going to make it, baby, but I, I guess I'm not.

June: Oh, Ben, Ben. Doctor, quick, Doctor.

Ben: So long, missionary, Mrs. Missionary. (*dies*)

June: Oh, God. Oh, Ben.

ぜ。それから，この結婚許可証は，今日，郡裁判所が閉まる1分前にもらってきたものだ。ここにおれが署名すればだ，正式文書ってことになるんだぞ。2人は結ばれて夫婦となったことを宣言する。

ベン： 検事さんよ，聞いたことがあるだろうが，人は自分の妻に不利な証言は出来ないんだぜ。

検事： ああ，わかっているとも。

ベン： じゃ，もう1つ。花嫁にキスさせてもらっていいかな？

検事： 勝手にしろ。

ジューン： うれしいわ，ベン。大事なあなた。こんなすてきなことって……。

ベン： うん，すばらしいキスだった。

ジューン： ベン，お顔がひどく熱いわ。

ベン： ああ。（あえぐ）なんとか巧く切り抜けられるかと思ったが，どうも駄目らしいな。

ジューン： ベン，ベン，しっかりして。先生，早くみてあげて。

ベン： あばよ，伝道師さん。違った，奥さんの伝道師さん。
（死ぬ）

ジューン： 何てことでしょう。ベン，ベン。

Lefty: Oh, Lord, we pray thee to receive this spirit of our dear departed and to forgive him his trespasses as we forgive those that trespass against us....

THE END

レフティ: 　おお神よ，われらが愛せしこの男の魂をお迎えください。われらに罪を犯すものをわれらが許すごとく，この男の罪をお許しくださいますよう……。

　　　　　　　　　　　　　終

＜イングリッシュトレジャリー・シリーズ⑯＞
悪の対決

2006年6月30日　初版発行Ⓒ　　　　　（定価はカバーに表示）

訳　　者　青木信義
発行人　　井村　敦
発行所　　㈱語学春秋社
　　　　　東京都千代田区三崎町2-9-10
　　　　　電話（03）3263-2894　振替 00100-7-122229
　　　　　FAX（03）3234-0668
　　　　　http://www.gogakushunjusha.co.jp
　　　　　こちらのホームページで，小社の出版物ほかのご案内をいたしております。
印刷所　　文唱堂印刷

落丁・乱丁本はお取替えいたします。